이 다이어리의 주인은...

**The Moomin Colouring Diary**
First published 2017 by Macmillan Children's Books,
an imprint of Pan Macmillan,
a division of Macmillan Publishers International Limited

© Moomins Characters™
Korean translation © 2019 GIMM-YOUNG PUBLISHERS, INC.
This edition is published by arrangement with
Macmillan Publishers International Ltd
and KidsMind Agency, Korea. All rights reserved.

이 책의 한국어판 저작권은 키즈마인드 에이전시를 통해
Macmillan Publishers International Ltd와 독점 계약한 (주)김영사에 있습니다.
신 저작권법에 의해 한국 내에서 보호를 받는 저작물이므로
무단 전재와 복제를 금합니다.

토베 얀손 원작 삽화

# MOOMIN

## 무민 컬러링 다이어리북

무민밸리의 컬러링 다이어리북에 오신 여러분 환영합니다. 여러분의 소소한 일상을 이곳에 채워 보세요. 하루하루의 일상은 물론 꼭 기억해야 할 날짜, 순간의 생각과 감정까지 모두 다 말이죠!

이 다이어리는 무민의 지혜가 담긴 조언과 더불어, 원작자인 토베 얀손의 삽화가 수록되어 있는 특별한 컬러링북이기도 합니다.

무민밸리는 마법의 공간입니다. 무민 가족과 친구들의 흥미진진한 이야기가 넘쳐나는 신비로운 곳이죠. 다이어리를 한 장 한 장 써 내려가며 일상의 모험들로 가득 채워 보세요. 소중한 추억이 깃든 나만의 멋진 다이어리가 완성될 거예요.

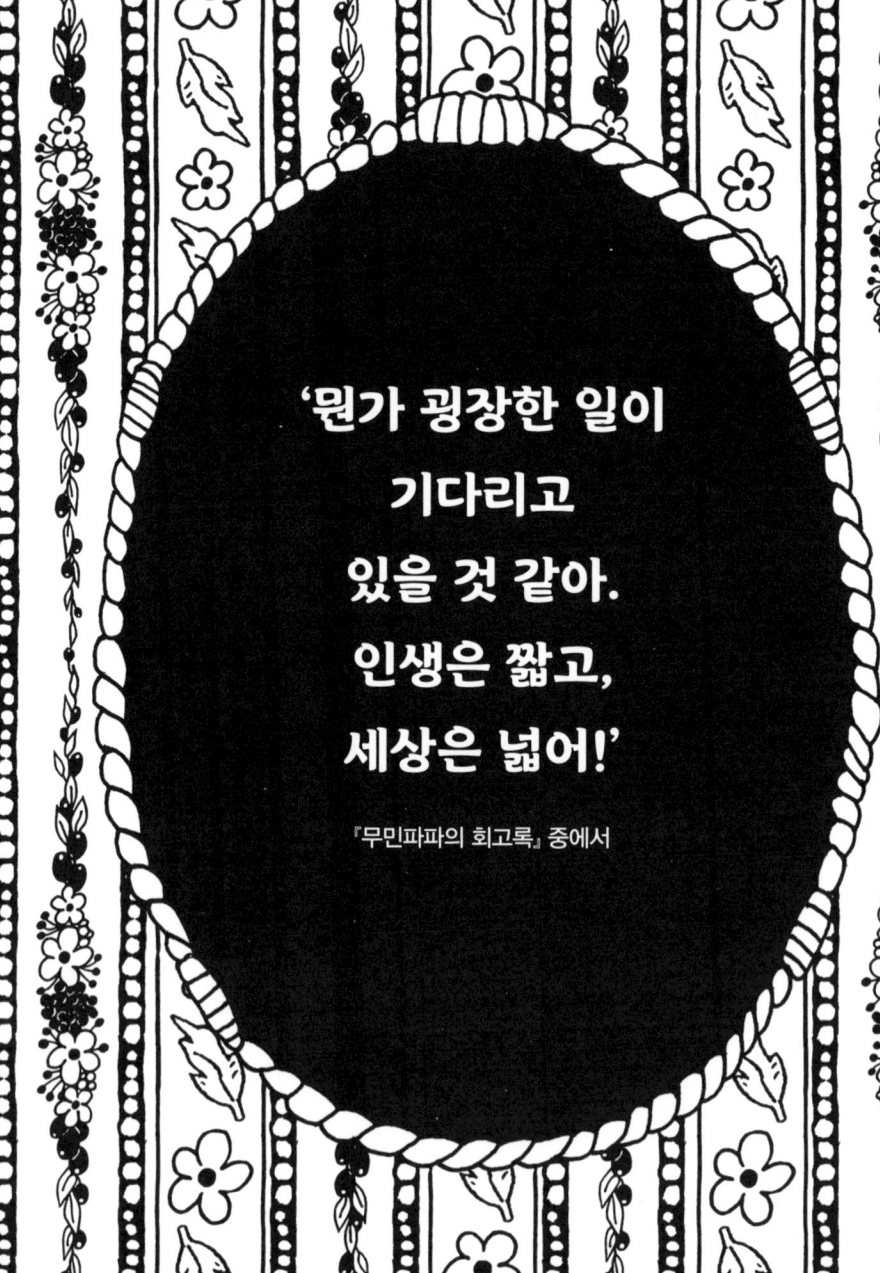

'뭔가 굉장한 일이
기다리고
있을 것 같아.
인생은 짧고,
세상은 넓어!'

『무민파파의 회고록』 중에서

# JANUARY

**1**

**2**

**3**

**4**

**5**

**6**

**7**

# JANUARY

**8**

**9**

**10**

**11**

**12**

**13**

**14**

# JANUARY

**15**

**16**

**17**

**18**

**19**

**20**

**21**

**최고를 꿈꾸고, 최악에 대비하라.**
『아홉 가지 무민 골짜기 이야기』 중에서

# JANUARY

## 22

## 23

## 24

## 25

## 26

## 27

## 28

# JANUARY

**29**

**30**

**31**

## NOTES

무민은
생각했다.
'인생은 정말
신나지 않니?
모든 것은 갑자기,
아무 이유 없이
변해 버릴 수
있으니 말이야!'

「무민파파와 바다」 중에서

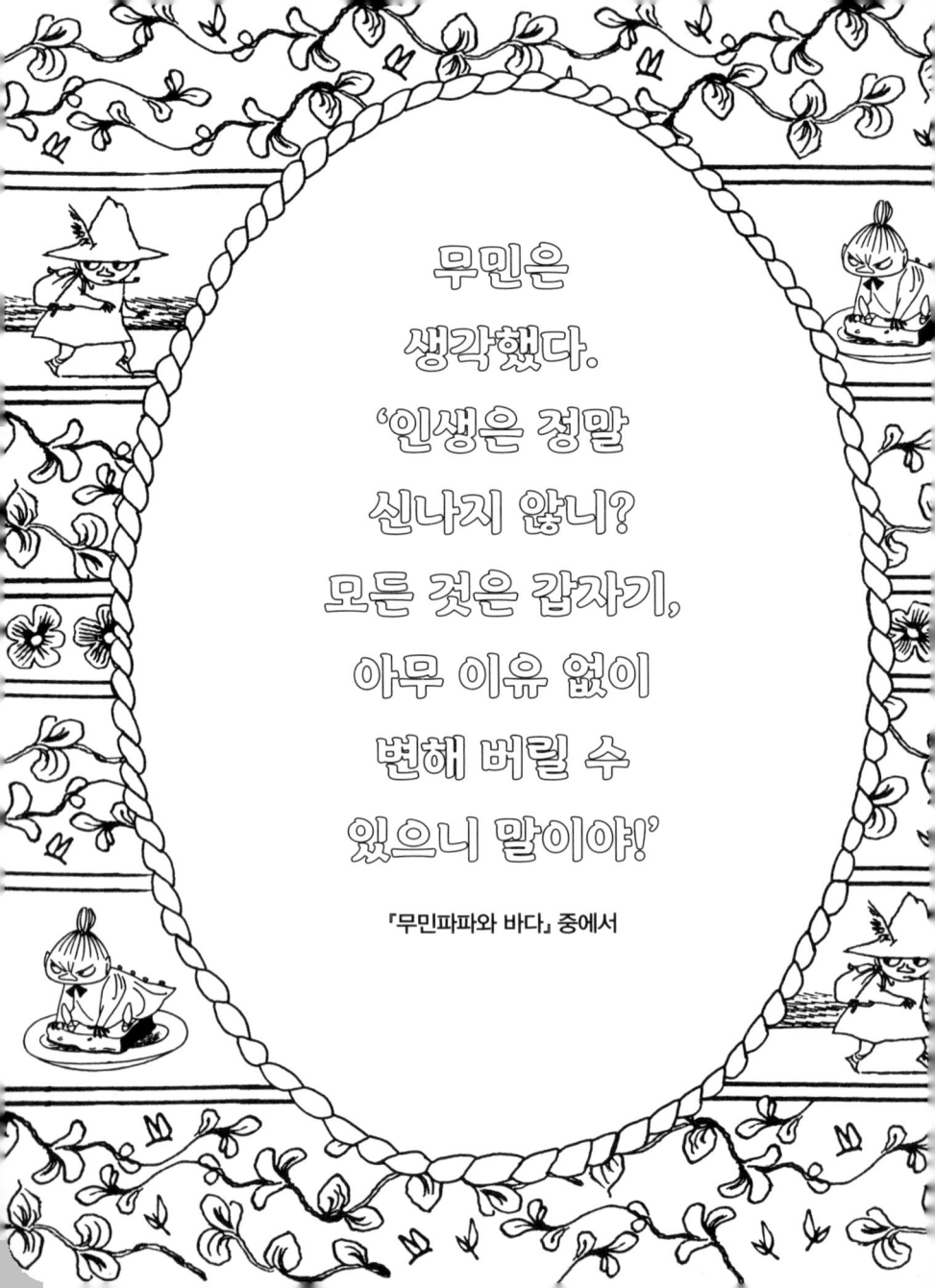

# FEBRUARY

1

2

3

4

5

6

7

# FEBRUARY

## 8

## 9

## 10

## 11

## 12

## 13

## 14

# FEBRUARY

**15**

**16**

**17**

**18**

**19**

**20**

**21**

# FEBRUARY

새하얀 눈으로 뒤덮인
세상을 보면 행복해지지 않니?

『위험한 여름』 중에서

**22**

**23**

**24**

**25**

**26**

**27**

**28**

# FEBRUARY

## 29

### NOTES

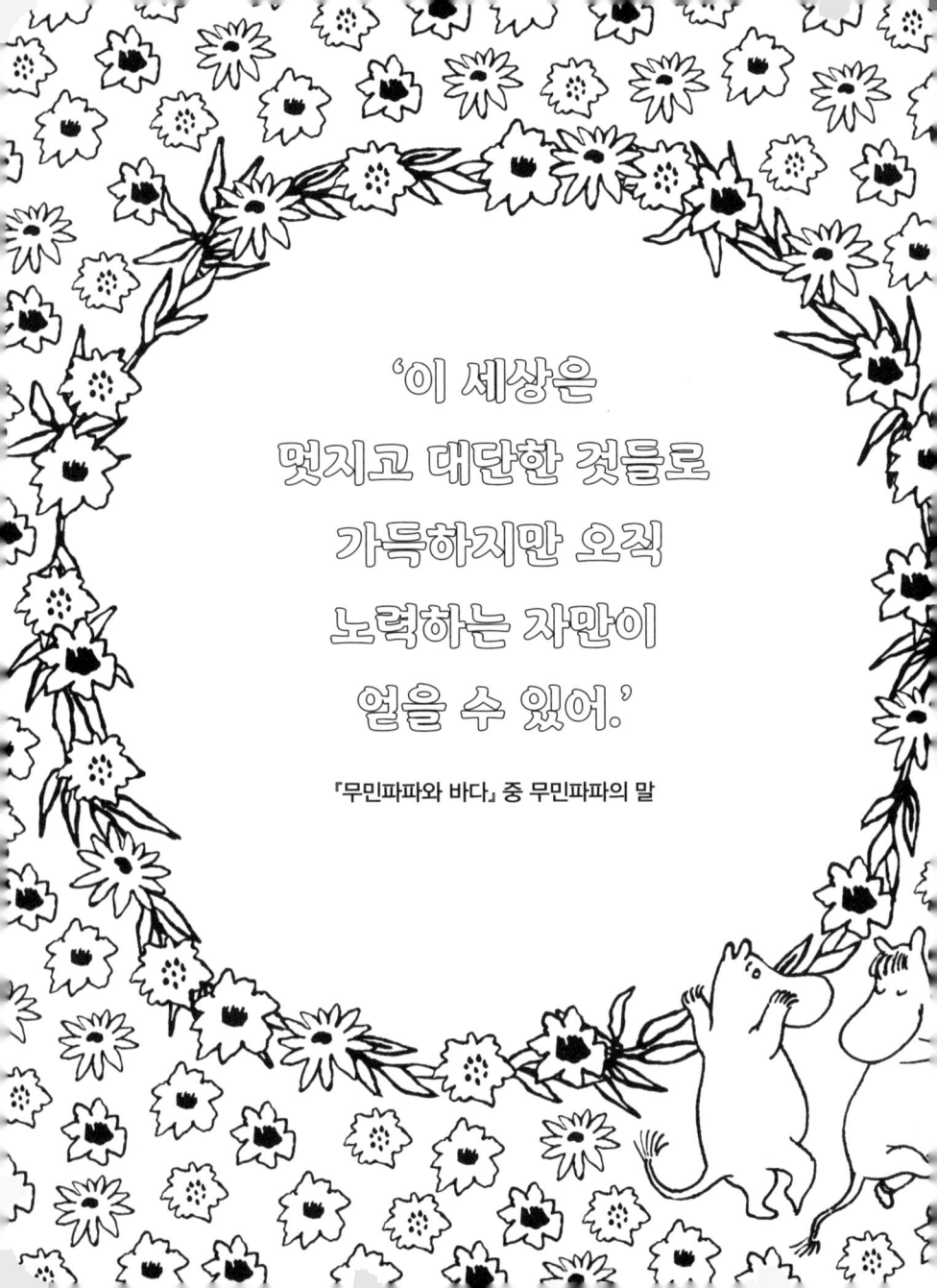

'이 세상은 멋지고 대단한 것들로 가득하지만 오직 노력하는 자만이 얻을 수 있어.'

「무민파파와 바다」 중 무민파파의 말

# MARCH

1

2

3

4

5

6

7

# MARCH

봄이 오는 소리가 들리지 않니?
『무민의 겨울』 중에서

**8**

**9**

**10**

**11**

**12**

**13**

**14**

**좋은 것들은 모두 널 위한 거야.**
『무민파파의 회고록』 중에서

# MARCH

**15**

**16**

**17**

**18**

**19**

**20**

**21**

# MARCH

**22**

**23**

**24**

**25**

**26**

**27**

**28**

# MARCH

## 29
## 30
## 31

## NOTES

'겨울잠에서 깨어난
작은 친구들이
봄단장에 여념이 없다.
집을 손보고 옷을 말리며
턱수염도 다듬는다.'

『마법사가 잃어버린 모자』 중에서

# 봄에 해야 할 일

'나는 늘
새로운 곳,
새로운 친구를
갈망해 왔지.'

「무민파파의 회고록」 중에서

# APRIL

1

2

3

4

5

6

7

# APRIL

8

9

10

11

12

13

14

내일 일은 내일 생각하겠어.
오늘은 오늘 주어진 것에 집중할 테야.

『무민파파와 바다』 중에서

**15**

**16**

**17**

**18**

**19**

**20**

**21**

# APRIL

**22**

**23**

**24**

**25**

**26**

**27**

**28**

# APRIL

당연히, 자유를 만끽하며 살아야 한단다.

『아홉 가지 무민 골짜기 이야기』 중에서

## 29

## 30

## NOTES

'사람은 자기 자신을 위해 무언가를 끊임없이 발견해야만 해.'

「무민의 겨울」 중 투티키의 말

# MAY

1

2

3

4

5

6

7

# MAY

**8**

**9**

**10**

**11**

**12**

**13**

**14**

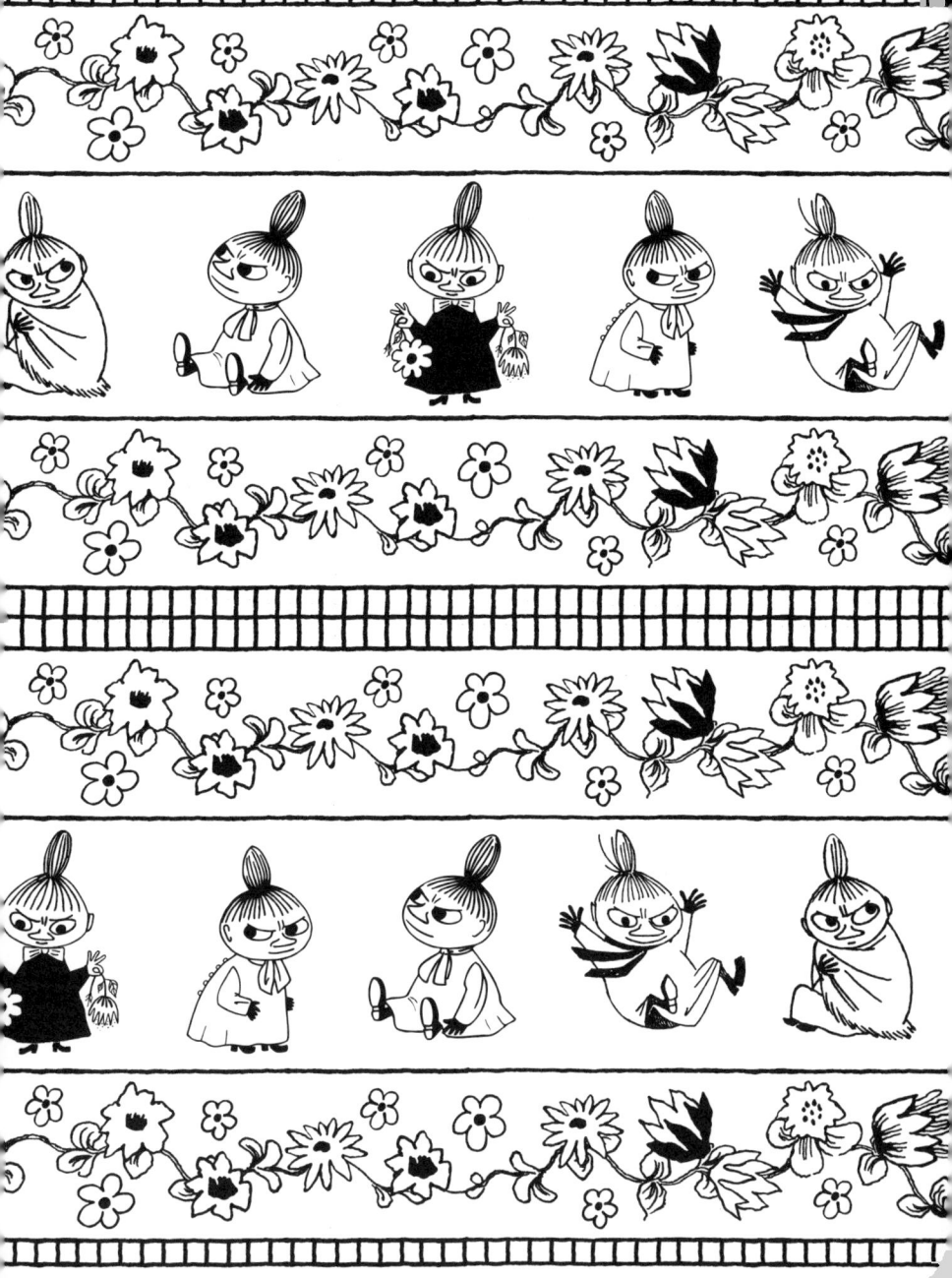

똑같은 장소에만 계속 앉아 있으면
지루해지기 마련이지.
『마법사가 잃어버린 모자』 중에서

**15**

**16**

**17**

**18**

**19**

**20**

**21**

# MAY

**22**

**23**

**24**

**25**

**26**

**27**

**28**

자기가 좋아하는 걸
자기 힘으로 하는 건 참 멋진 일이야!

*『무민의 겨울』 중에서*

# MAY

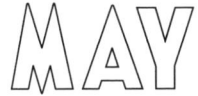

## 29

## 30

## 31

## NOTES

# JUNE

**1**

**2**

**3**

**4**

**5**

**6**

**7**

# JUNE

8

9

10

11

12

13

14

# JUNE

**15**

**16**

**17**

**18**

**19**

**20**

**21**

# JUNE

세상 모든 건 확실하지 않아.
그래서 오히려 안심이야.

『무민의 겨울』 중에서

**22**

**23**

**24**

**25**

**26**

**27**

**28**

# JUNE

## 29

## 30

### NOTES

'세상엔
절대로 변하지 않는
진리가 있지.
바다가 흐르고,
계절이 바뀌며,
태양이
뜨는 것처럼.'

「무민파파와 바다」 중 무민파파의 말

# JULY

1

2

3

4

5

6

7

지구가 폭발해 버리면 너무 끔찍할 것 같아.
이렇게 아름다운데 말이야.
『혜성이 다가온다』 중에서

**8**

**9**

**10**

**11**

**12**

**13**

**14**

# JULY

나쁜 사람은 나쁜 짓만 하는 법이지.

『위험한 여름』 중에서

**15**

**16**

**17**

**18**

**19**

**20**

**21**

# JULY

**22**

**23**

**24**

**25**

**26**

**27**

**28**

온통 달콤한 꽃향기로 가득하구나.

*『마법사가 잃어버린 모자』 중에서*

# JULY

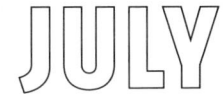

29

30

31

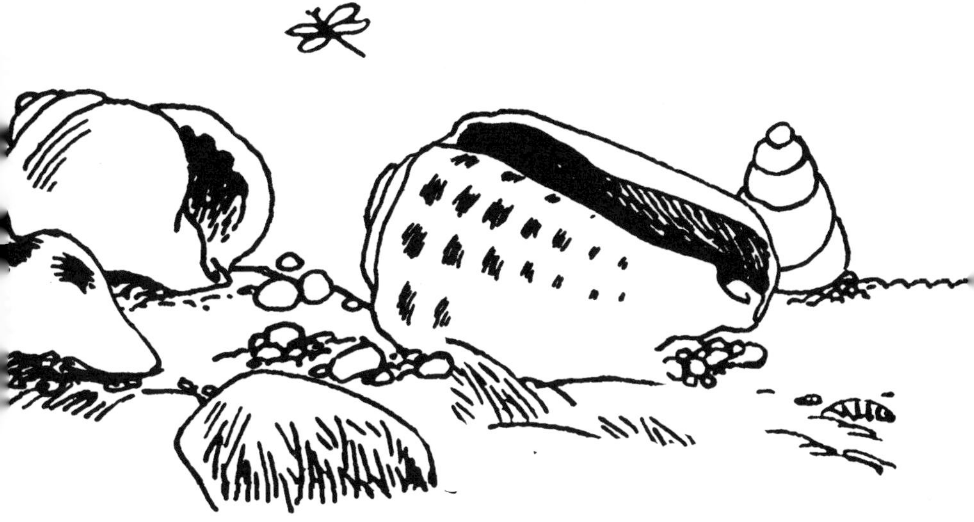

# AUGUST

1

2

3

4

5

6

7

# AUGUST

**8**

**9**

**10**

**11**

**12**

**13**

**14**

두려움을 느끼지 않는다면
어떻게 용기를 낼 수 있겠어?

『무민파파의 회고록』 중에서

# AUGUST

**15**

**16**

**17**

**18**

**19**

**20**

**21**

# AUGUST

22

23

24

25

26

27

28

# AUGUST

29

30

31

NOTES

'긴 여행을 떠나 보면
비로소 집이
얼마나 소중한지를
알게 되지.'

「혜성이 다가온다」 중 스너프킨의 말

# 가을의 모험 계획

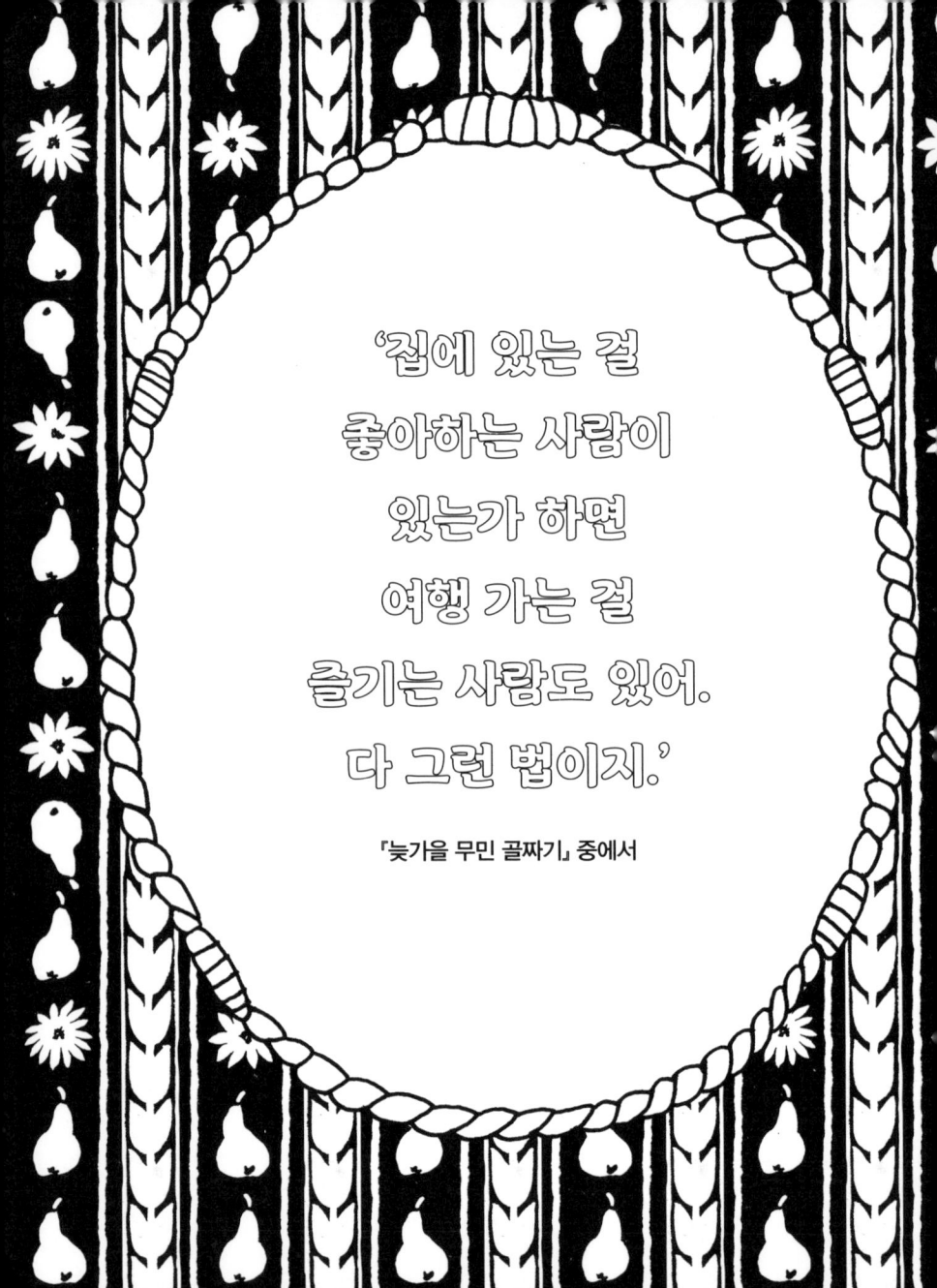

'집에 있는 걸
좋아하는 사람이
있는가 하면
여행 가는 걸
즐기는 사람도 있어.
다 그런 법이지.'

「늦가을 무민 골짜기」 중에서

# SEPTEMBER

8

9

10

11

12

13

14

'엄마들은 마음대로 외출할 수도,
집 밖에서 잠을 잘 수도 없어.
나도 때로는 그런 시간이
필요한데 말이야.'

「무민파파와 바다」 중 무민마마의 말

# SEPTEMBER

**15**

**16**

**17**

**18**

**19**

**20**

**21**

# SEPTEMBER

하지만 때로는 변화도 필요해.
『무민파파와 바다』 중에서

**22**

**23**

**24**

**25**

**26**

**27**

**28**

# SEPTEMBER

## 29

## 30

## NOTES

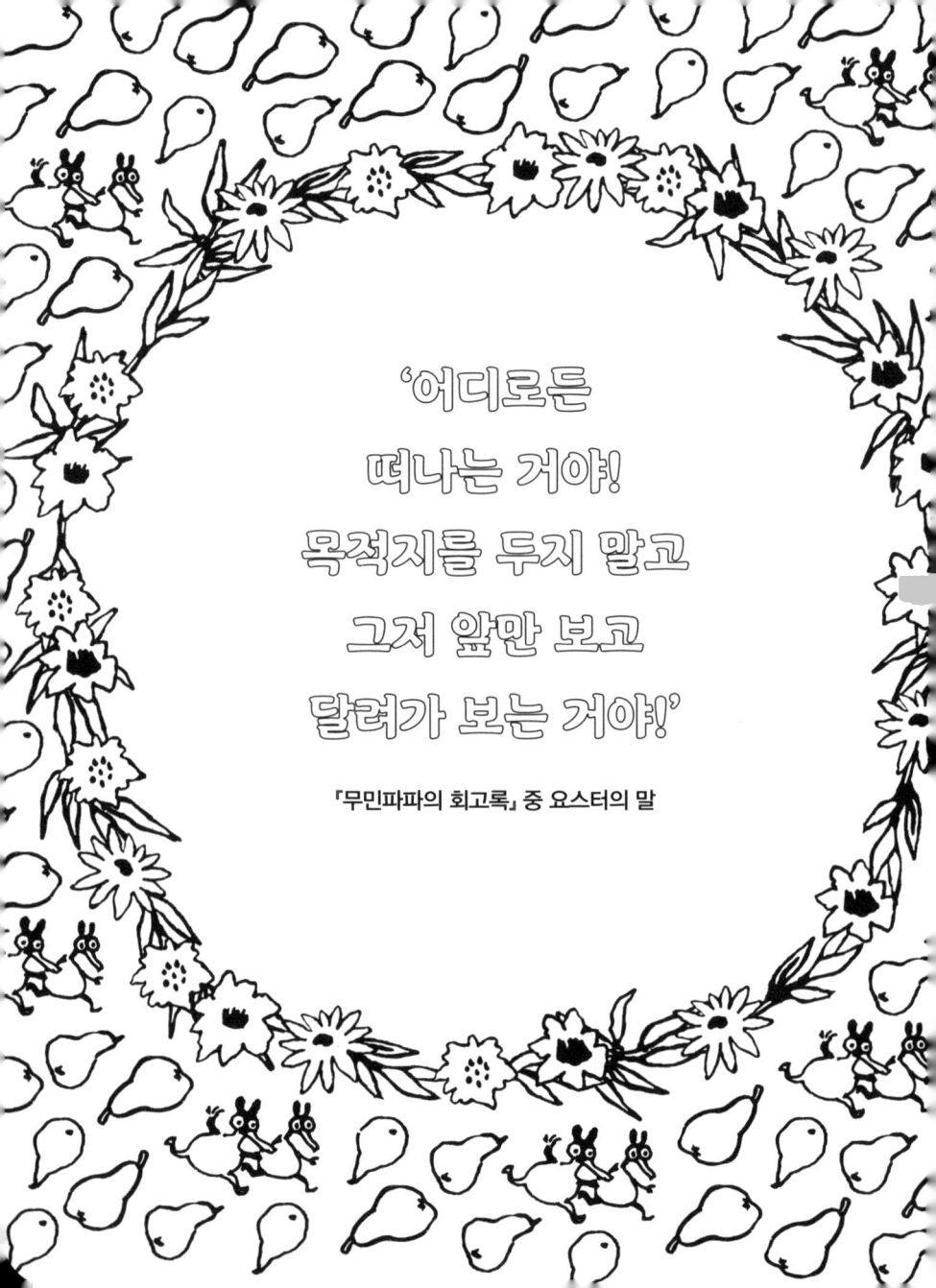

'어디로든
떠나는 거야!
목적지를 두지 말고
그저 앞만 보고
달려가 보는 거야!'

「무민파파의 회고록」 중 요스터의 말

# OCTOBER

1

2

3

4

5

6

7

# OCTOBER

8

9

10

11

12

13

14

인생은 정말 매력적이야.
『무민의 겨울』 중에서

# OCTOBER

**15**

**16**

**17**

**18**

**19**

**20**

**21**

# OCTOBER

## 22

## 23

## 24

## 25

## 26

## 27

## 28

# OCTOBER

인생에서 가장 중요한 건
자신의 마음을 헤아리는 거야.

『위험한 여름』 중에서

## 29

## 30

## 31

## NOTES

'사랑스러움만큼
편안하고 단순한
감정도 없다.'

『늦가을 무민 골짜기』 중에서

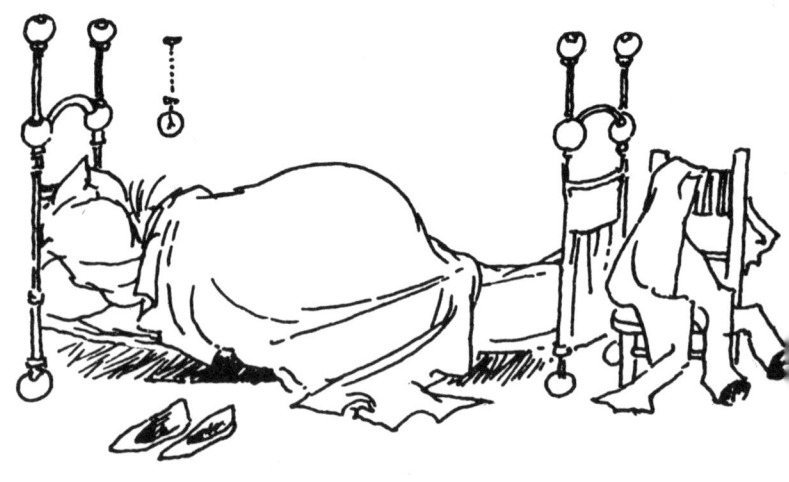

# 안락한 겨울 계획

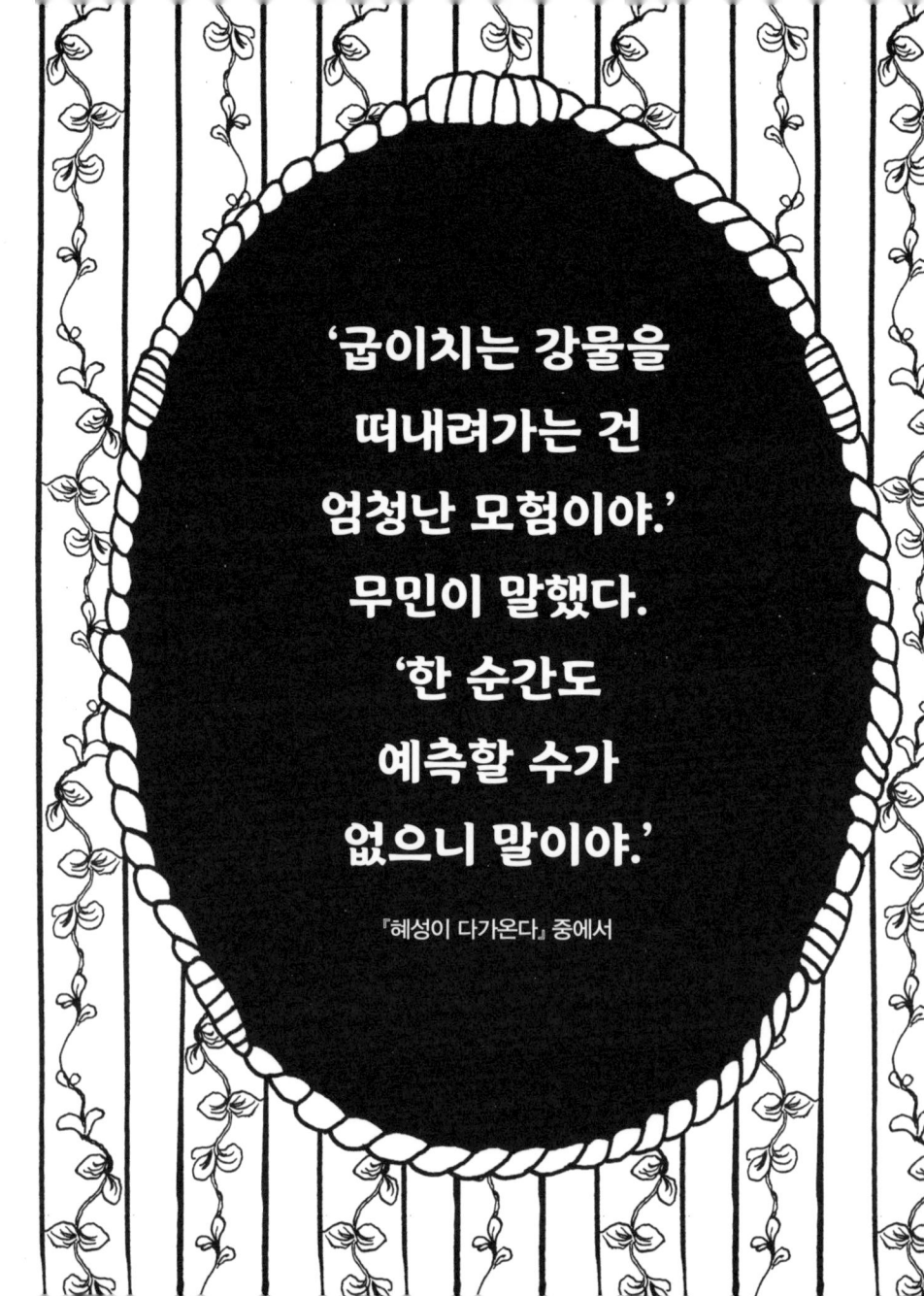

# NOVEMBER

**1**

**2**

**3**

**4**

**5**

**6**

**7**

# NOVEMBER

8

9

10

11

12

13

14

# NOVEMBER

인생의 고난을 기꺼이
받아들이는 법을 배워야 해.

『무민파파와 바다』 중에서

## 15

## 16

## 17

## 18

## 19

## 20

## 21

# NOVEMBER

22

23

24

25

26

27

28

# NOVEMBER

## 29

## 30

## NOTES

'엄마,
일어나 보세요.'
무민이 말했다.
'크리스마스가
다가오고 있대요!'

『아홉 가지 무민 골짜기 이야기』 중에서

# DECEMBER

1

2

3

4

5

6

7

**여행은 정말 즐거워!**
『혜성이 다가온다』 중에서

# DECEMBER

**8**

**9**

**10**

**11**

**12**

**13**

**14**

# DECEMBER

**15**

**16**

**17**

**18**

**19**

**20**

**21**

# DECEMBER

나이 드는 건 자기 자신이
가장 잘 느끼는 법이지.
『아홉 가지 무민 골짜기 이야기』 중에서

**22**

**23**

**24**

**25**

**26**

**27**

**28**

# DECEMBER

**29**

**30**

**31**

## NOTES

'상상할 수 없을 정도로
놀랍고 멋진 세계가 기다리고 있단다.
앞으로 펼쳐질 새로운 날들이
널 그곳으로 데려다줄 거야.
넌 그저 손잡고 따라가기만 하면 돼.'

「무민파파의 회고록」 중에서

# 새해 다짐

# NOTES

# NOTES

# NOTES

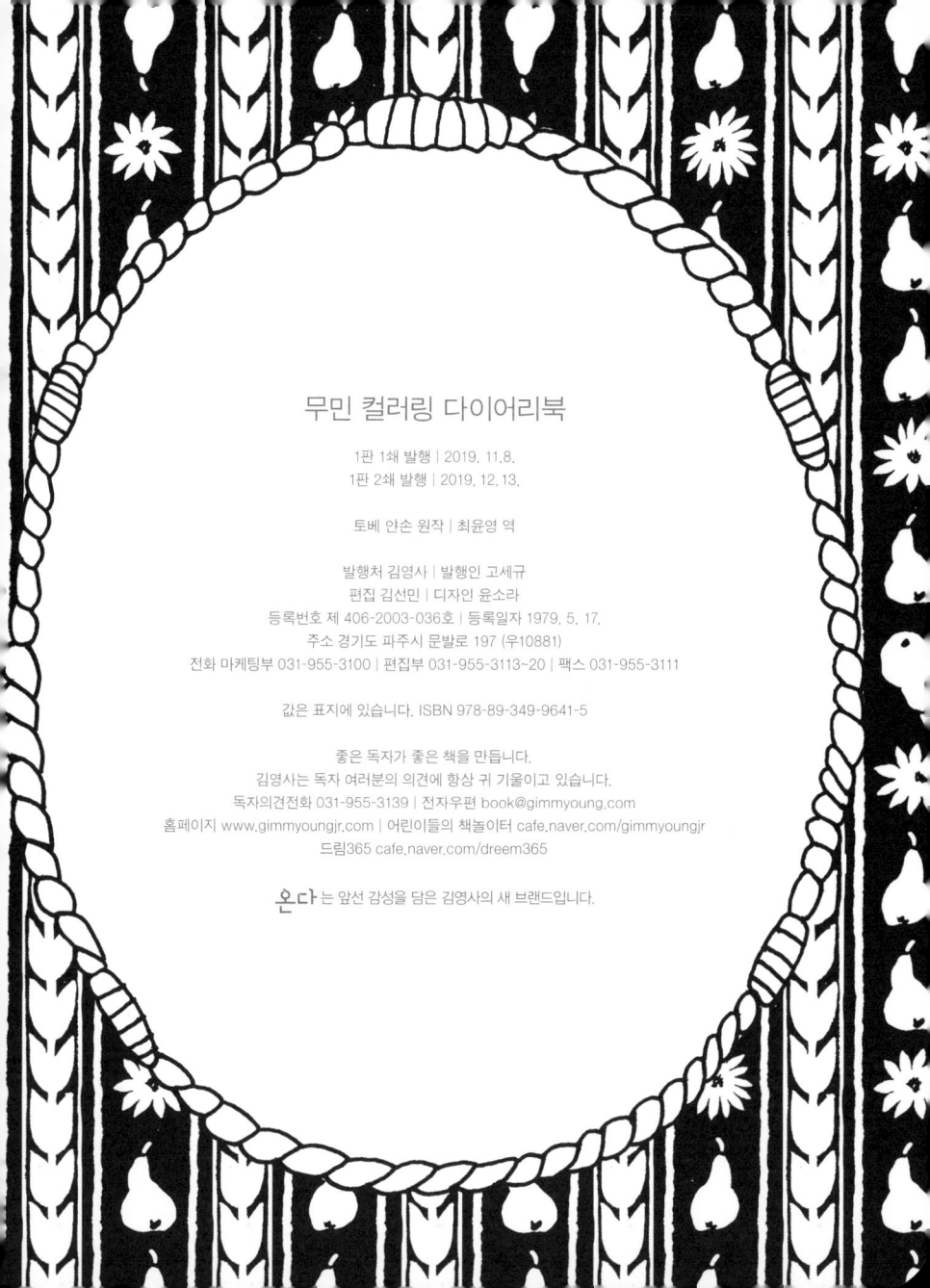

### 무민 컬러링 다이어리북

1판 1쇄 발행 | 2019. 11. 8.
1판 2쇄 발행 | 2019. 12. 13.

토베 얀손 원작 | 최윤영 역

발행처 김영사 | 발행인 고세규
편집 김선민 | 디자인 윤소라
등록번호 제 406-2003-036호 | 등록일자 1979. 5. 17.
주소 경기도 파주시 문발로 197 (우10881)
전화 마케팅부 031-955-3100 | 편집부 031-955-3113~20 | 팩스 031-955-3111

값은 표지에 있습니다. ISBN 978-89-349-9641-5

좋은 독자가 좋은 책을 만듭니다.
김영사는 독자 여러분의 의견에 항상 귀 기울이고 있습니다.
독자의견전화 031-955-3139 | 전자우편 book@gimmyoung.com
홈페이지 www.gimmyoungjr.com | 어린이들의 책놀이터 cafe.naver.com/gimmyoungjr
드림365 cafe.naver.com/dreem365

온다 는 앞선 감성을 담은 김영사의 새 브랜드입니다.